AF498183

JULES GIRAUD

LE
TESTAMENT
D'UN
HASCHISCHÉEN

Extrait de l'*Initiation*

PARIS

GEORGES CARRÉ, LIBRAIRE-ÉDITEUR

58, rue Saint-André-des-Arts, 58

1888

TESTAMENT D'UN HASCHISCHÉEN

I

Sembler fou est le secret du sage
(ESCHYLE)

Jupiter s'amuse et le monde se fait
(HÉRACLITE)

Deux ans ont passé depuis mon dernier article sur le haschisch, et bien des années passeraient encore, si j'attendais, pour reprendre ma propagande ésotérique, d'être complètement éclairé sur les défauts et les qualités du fameux dynamophore.

En vertu de cette maxime de Marc Aurèle que l'homme doit toujours se conduire comme s'il allait mourir dans la journée, je crois bien faire de céder à l'obsession qui me pousse à rédiger mon testament haschischéen et à résumer sans retard la suite de mes expériences, afin que mes échecs ou mes trouvailles, si trouvailles il y a, profitent à quelques autres, soit pour les détourner de ce genre d'exploration, soit pour leur faire éviter des inconvénients qui n'étaient peut-être pas inévitables, et qui en tous cas peuvent être atténués et combattus. Pour ma part, j'ai vu ou fait disparaître les illusions haschischéennes du temps et de l'espace, les oublis, la crainte des impulsions folles, les nausées nerveuses, les obsessions laides. Je ne confonds plus les boulimies maladives avec les appétences normales; je sais mieux prévenir les unes et provoquer les autres. Plus d'un achromatisme a été corrigé. Si j'ai dû décompter pour les espérances, je me suis aperçu qu'il fallait faire aussi la part de l'exagération haschischéenne pour les épouvantes et les désespoirs. J'ai visité presque tous les coins et les recoins du labyrinthe; et j'ai pour rassurance les pas déjà tâtonnés dans la même voie.

J'ai mis les fantômes au pied du mur; et ils se sont évanouis comme des croquemitaines enfantins. Mon œil intérieur a pu tenir pied (le haschisch !) à des défilés vertigineux. Pour mes téméraires voyages, je me suis composé des viatiques insolites; j'ai mes soupapes de sûreté; j'ai mes appareils (1), mes mementos et mes sirènes de sauvetage (hum !). J'ai converti de la dòse délirante en dose inébriante et de la dose inébriante en dose apéritive. Sans doute mes notes sur l'idéalisant, sur l'herbe aux chantres-divines sont contestables; mais beaucoup de celles concernant le médicament valent d'être sauvées du naufrage. Le débutant haschischéen passe d'un état d'exaltation où

___

(1) Un sifflet entre autres. Pour jouer du sifflet, il est nécessaire de maintenir un effort respiratoire diversif et de prendre une figure comique.

De par les lois de la réversibilité, je vous défie de rester en route pour l'extase et de ne pas reployer vos ailes de sept lieues, après que vous aurez sifflé pendant quelques instants sur l'air de : « en jouant du mirliton » ou de « mais quand on est trois, Mlle Thérèse ».

il ne doute de rien, où Dieu le père n'est pas son cousin, à des défaillances tout aussi excessives. Mais le temps et l'expérience accomplissent leur œuvre d'accommodation, apprennent à diluer les chaleurs en tiédeurs, à garder de ses surflux pour ses subflux, à économiser de ses sursum pour les minima de son *minime homme*.

Sérieusement, le grand fait, je l'ai dit ailleurs, c'est que le haschisch se distingue des autres inébriants, en ce qu'il *comporte* un *apprentissage*. Il est protéiforme dans ses effets et l'art de les faire varier, depuis l'extase autorisée jusqu'à la simple action toni-sédative, exige un doigter artistique qu'il n'est pas donné à tout le monde d'acquérir.

Si pour faire varier les effets, il n'y avait qu'à varier les doses ; mais voilà ! Tant de causes agissent dans le sens de leur diminution ou de leur augmentation ! Elles doivent donc être réglées d'après d'autres données, d'après l'état de la sensibilité ; et pour savoir laquelle est la plus opportune de la dose massive, de la dose moyenne, de la faible dose ou de la dose réfractée, il est nécessaire de consulter chaque fois sa mercuriale passionnelle.

La cannabinologie et la passionnimétrie se compliqueraient encore de notions indispensables sur le choix et le mode d'emploi des adjuvants (1), sur le maniement des suggestions avant et pendant l'accès.

---

(1) La tolérance pour le vin, la bière et les spiritueux est un des faits confirmés. (Voir Bourchardat.) Elle dépend de la force de l'accès plus que de la dose absorbée. Le haschisch et l'alcool seraient contre-poisons l'un de l'autre et leur mélange donnerait un aliment nerveux toni-sédatif.

Pourtant le principe d'une *morale du robinet* est posé et il appartenait à un fils spirituel de Ch. Fourrier, de faire succéder à la réhabilitation de la passionnalité la réhabilitation des agents naturels qui influent sur les passions (1).

On ne saurait trop venir en aide à la pauvre volonté humaine. Puisque du milieu physiologique plus encore que du milieu économique dépendent en grande partie notre bonheur et notre moralité, il s'ensuit que les hygiénistes et les médecins sont les vrais sacerdotes des temps modernes et qu'il convient de léguer à eux d'abord, les moindres observations tant soit peu inédites relatives à *l'herbe par excellence*. A travers les amplifications d'un crû *sui generis* qui vont suivre, il restera cependant que, si le haschisch, appelé par M. Charles Richet « poison de l'intelligence » ne peut être converti en aliment, ou (ne préjugeons rien) en stimulant des centres supérieurs que sous certaines conditions difficiles à réaliser, c'est qu'il est avant tout un agent de sélection. Ce terme culminant de la litanie haschischéenne implique et sous-entend une foule de dangers (2) auxquels expose l'emploi de l'herbe aux optimistes, qui est aussi l'herbe aux fantômes, l'herbe aux ramol-

---

(1) Que je me débarrasse tout de suite d'une objection qui a le don de m'agacer particulièrement ; le haschisch « ce n'est pas naturel », comme si le haschisch n'était pas un produit de la nature et d'autre part, comme s'il n'était pas naturel d'utiliser les forces naturelles à améliorer notre naturel.

(2) Quelques-uns de ces dangers n'ont pas encore été conjurés, en ce qui me concerne : Ils figurent dans mes notes sous les rubriques : peur de la dépression consécutive, épreuve du mancenillier, supplice de Buridan, mal de Pompilius.

lis, qui est l'herbe de tous les vices et de toutes les vertus. L'eau-de-vie, utile aux blancs raisonnables, servait à exterminer les nègres.

De même en Occident comme en Orient, le haschisch abrutirait à sa façon plus d'un profane de bas étage et même pas mal d'évolués. On ne compterait plus les fruits secs du *cannabis indica*, les vaincus de la substance fatidique. Comme la langue, dont parle Esope, elle risquerait d'être aussi nuisible qu'utile dans une société qui s'entend si bien à une chose : Abuser. Aussi, entre nous, on ne saurait trop insister sur le côté effrayant de *l'herbe défendue.* C'est l'herbe de la science du beau et du laid. Prenez bien garde, avant d'en manger. Qui a mangé mangera. La vapeur du monde moral fera éclater plus d'une chaudière et fêlera plus d'un alambic. Si vous ne domestiquez pas la plante philosophale, c'est elle qui vous achèvera. Jamais nous ne mettrons assez de grilles et de dragons autour de notre jardin des Hespérides, et s'il est vrai, M. Sarcey : « que les préjugés sur la nourriture sont difficiles à détruire dans le peuple » c'était tant pis pour la pomme de terre et ce sera tant mieux pour le pantagruelium. Pourtant si, en répondant aux objections, il m'arrive de parler de mon Idéoforme plutôt en avocat qu'en juge, de trahir mon faible pour mon *angélique*, je prie le lecteur d'agréer mes excuses anticipées pour cette partialité qui n'est après tout que de la reconnaissance. Les cocasseries eudémoniques et les effusions mystico-matérialistes auxquelles je vais m'abandonner, ne détonnent pas, selon moi, dans un journal de méde-

*

cine et de psychologie, parce qu'elles sont caractéris-
tiques. Elles sont la marque haschischéenne. Si elles
accusent une prédisposition à la folie des grandeurs,
personnellement je crois l'avoir enrayée en me créant
une *parafolie*, en écoulant un tas de bravades par la
bouche d'une sorte de guignol philosophique, qui
lui, pourra sans crainte du ridicule pincer de l'hyper-
bole à langue que veux-tu ?

« Les hyperboles de Numa Pandorac ! »

Faut-il alors admettre que le haschisch prédispose
à la folie des grandeurs ? ou ne fait-il qu'intensifier
ce qui était en germe dans mon cerveau de Méridional, de Méridional des environs de Tarascon ?

Plus généralement, le haschisch ne fait-il que gros-
sir les sensations ?

Ou ne grossit-il que certaines sensations ? Chez
certains individus ? Les modifie-t-il en les grossissant ?
etc., etc. Problèmes qui seront tôt ou tard mieux
éclaircis par les imitateurs de Moreau de Tours. En
tant que sujet, je me crois tenu à beaucoup de transparence, à un certain devoir de confession partielle.
A l'œuvre du haschisch, on reconnaîtra maintes
propriétés (je ne dis pas maintes qualités) de l'artisan
haschisch. Si l'on est fou, on est du moins conscient
de cette folie. C'est comme si l'on assistait à son
dédoublement. On est le cornac de son propre élé-
phant. On se joue la comédie à soi-même.

Soi-même on est le juge et l'accusé et cette folie des
grandeurs a son correctif en elle-même comme nous
le développerons en temps et lieu. Ceci dit, mon moi

contrôleur dégage sa responsabilité de ce qui va suivre, sauf pour les notes et les passages sans guillemets dont il se déclare l'auteur, et mon moi intuitif va s'aliéner pour l'instant, en ce Numa Pandorac de Tarascon dont je parlais tout à l'heure et qui seul gardera la parole.

II

LES HYPERBOLES DE NUMA PANDORAC (1)

> « Irridebo et subsanabo. »
>
> (L'Écriture.)

> « Il faut que l'homme ait devant lui de grandes choses ou un grand but. Sans quoi il perd ses forces, comme l'aimant perd les siennes lorsque pendant longtemps il n'a pas été exposé en face du nord. »
>
> (Jean-Paul.)

« Moi, Numa Pandorac, lors de mes premières expériences haschischéennes, il m'arrivait de penser : « Oh mon Dieu ! si elles pouvaient être profitables ! » Ce semblant de prière ou plutôt cette interjection qui n'exprimait qu'un souhait risqué, ce qu'elle est devenue depuis, vous le savez, ô mes Walkyries calomniées, ô mes Sirènes de bon secours, qui avez entendu mes *eurêka* trop précipités et consolé mes fréquentes déceptions (2).

---

(1) Cette fantaisie sera complétée par une étude sur l'orgueil du haschisché.

(2) Le haschisch donnerait une tendance à la mythologie, que Gœthe définissait « un luxe de croyance », et à la superstition, qu'il définissait « poésie de la vie ». Cette tendance rentre dans l'hylozoïsme et en général dans les doctrines qui croient la nature animée de plus de forces intelligentes qu'on ne suppose.

Pourtant les chances en faveur de dénouements favorables paraissent augmenter, et mes espérances ont reçu quelques couches de foi.

S'il pouvait se confirmer que je fusse doué d'une idiosyncrasie favorable, eu égard à l'herbe hypnotisante, je ne regretterais pas d'avoir été amené à me familiariser avec elle à la suite d'une série d'incidents heureux, d'accidents heureux. Il y a tant d'accidents malheureux en ce monde, ô mon Dieu... ô mes déesses (?), ô qui que ce soit ou quoi que ce soit enfin à qui puissent s'adresser mon besoin physiologique d'expansion ou mon vague désir de placer mes belles ambitions et mes faibles ressources sous quelque protection inconnue !

Quel dommage qu'il faille décompter ! Jugez un peu. Couler le pessimisme par une drogue, convertir le monde par des combinaisons d'antidotes ; trouver une alimentation aristocratique dans des coupages d'inébriants ! doser l'extase ! allier la pharmacie à la morale, et par là même enfoncer Descartes, qui n'a uni que l'algèbre à la géométrie, lui.

Peuh Crookes ! avec sa matière radiante. Ce sont les lois de la matière dansante des sèves supérieures qu'il s'agit de découvrir sous les rayons de notre microscope, de notre idéaloscope (et de notre blaguoscope), ou tout au moins les lois de l'origine et de l'association des idées.

Fi Dante ! ce visionnaire de la réaction, comme il serait facile de le dégoter... au point de vue philosophique.

Et Jésus-Christ, martyre à part, comme c'est maigre

au point de vue expérimental...! Il n'a pas su scienti-
fiquer la superstition.

Que d'horizons pour les étudiants de l'avenir dans
les indications mieux nuancées de notre creuset orga-
nique, dans les appétences plus lucides du « sens du
corps », dans l'art de savoir s'écouter, lequel éclairera
mieux sur notre dedans biologique que les cruautés
sanctifiées de la vivisection !

Quoi encore.! poser les règles de l'auto-expérimen-
tation ! étudier la police sur lieu ! montrer à la lan-
terne magique les niches de l'inconscient, les lois du
caprice et les mystères de l'illumination ! débiner les
trucs de l'antre de Trophonius ! fabriquer du del-
phique et du cuprique, sans tant d'histoires et sans
tant de bafouillages ! monographier la dilection,
appliquer la méthode expérimentale à la psycho-
sculpture ! rajeunir les grands mythes ! poétiser la
science et même les savants ! être le saint Augustin
d'une religion amusante, dont la morale consisterait
dans le culte de la beauté, avec beaucoup de muses
bon enfant et pas un dieu mauvais coucheur ! A côté
de la comédie humaine, la féerie humaine ! graduer
sa sensibilité d'après les tâches à accomplir, quand il
n'est pas loisible de choisir ses tâches d'après les
variations de la sensibilité ! se rendre plus vivant ou
moins vivant, suivant que la vie gagne à être grossie
ou diminuée ! tout comme le sommeil, mettre l'ivresse
sacrée en bouteille ! canaliser l'enthousiasme ! ne se
maximer qu'à bon escient ! rendre l'inspiration facul-
tative ! prendre l'intuition sur le fait ! faire souffler
l'esprit, non quand il veut, mais quand nous voulons !

donner des leçons de prophétisme ! entrevoir les lois des miracles !

N'être apocalyptique, n'être génial qu'à ses heures !

Plus modestement, découvrir de nouvelles sources de l'influx et de nouvelles sanctions de la morale, réconcilier le matérialisme et le spiritualisme dans un déterminisme supérieur, et tout cela par d'autres voies que celles où vous avez coutume ! c'est beaucoup pour un homme seul, et Numa Pandorac demande des collaborateurs.

Comment ne pas être taxé de matérialisme, en prétendant que, pour la correction des caractères, les sommités du chanvre supplanteraient aisément les jeûnes et les mortifications ; que par l'absorption d'une simple pilule l'homme s'élancera, comme porté sur les ailes du génie ou d'un génie, dans les zones les plus lointaines du monde de la pénombre ! O fétichisme ! ô régression ! Il y aurait donc à l'adorer, cette dite pilule dont les propriétés, plus tangibles que celles des hosties sacrées, nous débarrasseraient des entraînements pénibles et débilitants de l'ascète.

Il est donc vrai, ô petitesse de la grandeur de l'homme ! qu'on pourra acheter pour o fr. 5o de lyrisme, que la vertu se vendra comme le vice, que la sérénité et la jovialité se confectionneront *secundum artem*. Dire que d'avaler une dose c'est comme si on introduisait dans son individu un tabernacle avec des égéries pour ses examens de conscience ! Quoi ! quelques centigrammes de haschischine épanouiraient autant que des baisers de vierge ! Quoi ! le pharmacien du coin donnerait plus de jouissances que les

câlineries les mieux modulées, plus de sagesse que
les enseignements des sages, que les exemples des
saints, avec ses pastilles d'Ariane, ses granules de
Nestor, ses sacchorolès de componction, ses électuaires
apostoliques, ses trochisques sibyllins, ses tisanes pac-
toliennes, ses bols de concupiscence, ses fioles de
seconde vue, ses boulettes de visionnaire et ses boîtes
de bonne espérance! Quoi! le comble du marivaudage
consistera à dire : « Madame, vous me faites autant
d'effet que 4 grammes d'extrait gras de chanvre in-
dien »; et, si l'on nous demande quel a été le plus
beau jour de notre vie, serons-nous obligés de ré-
pondre : « C'est un jour où j'ai absorbé 15 grammes
de dawasmeck ».

Mais, pour pénétrer dans les paradis de l'expéri-
mentation, il faut être soutenu par la bonne intention,
sous peine d'affreuses terreurs. Et voilà la part du
spiritualisme, ou mieux de l'idéalisme! Gare aux phi-
listins qui n'ont pas le haschisch bon ! gare aux has-
chischés charnels! gare aux scélérats qui s'aventu-
reraient dans ce nouveau monde où les sanctions de
la morale cessent d'être des banalités courantes! gare
aux téméraires de la pure (!) curiosité! Ils revien-
draient avec une veste et sans la moindre investiture.
Ils n'en mèneraient pas large, les Macbeth et les
Richard III, aux minutes solennelles où le moi s'effi-
loche, où l'on est tenté de se crier : Qui vive! à soi-
même, tant on est surpris de soi-même, étonné de se
reconnaître.

Pour être à même de se colleter avec Adamaster,
de remoucher les plus terribles sphynx, de badiner

avec la folie, jongler avec les mystères, batifoler avec le prodige, pour jouer avec le feu... sacré, il faut être du bois dont on fait les hommes de flamme !

Pour être admis à sonder l'insondable, à voir au travers du voile d'Isis, à admirer son double astral en diffraction de Narcisse, il faut être un voyant de la Grande Fêlure, un marqué de la Grande Ride, un chevalier de la Grande Accolade ! Il faut avoir passé par des épreuves purifiantes, et les lavements sacrés ne se transgressent pas !

Seuls les gosiers d'élection avaleront les mystiques couleuvres. C'est la fleur de votre cervelle, c'est la cervelle de votre cervelle qu'il faut brûler sur le brasier intellectuel, si vous voulez que les vapeurs s'endosmosent à la dyalise animique, avec des auras alimentaires, des inspirations de Bengale et des spasmes de renfort. Aucune Egérie ne se montrera aux intrus du tabernacle. Les malappris et les Boireau qui ne sont pas en état de grâce ne trouveront à qui parler dans la gracieuse république de l'invisible ! Les Dryades ne s'encanaillent jamais, et les choses semblent se passer comme si, sous les bulbes pileux de notre occiput, les meilleurs esprits végétaux ne communiaient avec les esprits animaux que sur des autels de sélection (1).

Oui, il faut avoir le pied orphique pour ne pas

---

(1) Mieux que dans la légende de saint Bruno, des stimuli, des nœuds de force tirés des règnes inférieurs (?) viennent faire à notre place le travail imaginatif, vous épargnent l'usure ou rendent avec usure ce que l'usure peut coûter. Ce point d'interrogation après *inférieurs*, parce que le règne hominal n'est pas sur tous les points mieux avantagé que le règne végétal. Ainsi l'homme ne sent bon.

trébucher au bord de tant d'abîmes; il faut un cœur
ferme pour tous ces sauts de Leucade; il faut une tête
solide pour braver les mystères d'Udolphis; il faut ne
plus conserver aucun grain de laideur; il faut se sen-
tir d'une belle transparence, pour oser se regarder à la
psyché-psychique; il faut savoir sténographier des
éclairs jusqu'en dégringolant dans des gouffres! Ne
sera pas qui voudra le Jason des profondeurs, le favori
de la fée Cannabine.

Drogue matière dans l'affaire, c'est vrai; mais
apprentissage pour lequel seront surtout requises les
facultés esthétiques et contemplatives; et il dépend de
nous que l'accès haschischéen devienne un éveil de
visionnaire. Quel fort atout en faveur de l'optimisme!
En d'autres termes, quel atout recevraient les pessi-
mistes, ces infortunés condamnés à vie, s'il devenait
manifeste que, dans les ramifications invisibles de
l'encéphale dont parle H. Spencer, sous l'arrosage
des globules avancés de la sève vitale, grâce à une
nourriture spéciale, à une pression convenablement
mesurée, nos centres sensitifs les plus délicats] déga-
gent des ondes d'influx nerveux de première qualité
qui vont, les unes, baigner, retremper voluptueuse-
ment nos organes, opérer le phénomène de diffusion
nerveuse, et les autres projeter sur je ne sais quelle
rétine mentale des arborescences d'images ou des
guirlandes d'idées!

Celles-ci sont presque impossibles à fixer, à prévoir
et à diriger, dans les débuts; mais il n'en est pas de
même si l'on cultive parallèlement les centres où se
localisent les facultés de discernement, si l'on par-

vient à éviter ce *piège à haschisché* : l'oubli du *terre-à-terre* devant les fascinations du *ciel-à-ciel*. Pour ma part, n'étant ni peintre ni poète, j'ai dû dissiper comme des obsessions de sirènes ces Olympes inédits où « le cri de l'homme arrive chant », ces jardins magiques où « les vérités prennent les formes de toutes les fleurs » et de toutes les déesses, où, comme sous la baguette d'ovidies inconnues, les lauriers et les araignées se remétamorphosent en Daphnés et en Arachnées toutes modernistes.

Puisque le succès de mes accès haschischéens dépend de mon état de santé, au lieu de descendre dans le puits de Babel, de flâner dans l'île des caprices ou d'édifier le temple des combles, ne serait-ce pas plutôt le cas de me faire renseigner par mon conseiller végétal sur l'analogie qui existe entre l'hygiène physique et l'hygiène psychique, et, si les échappées de la fantasia sont incoërcibles, de la diriger vers des sujets plus positifs, tels que les salles de *l'hôpital passionnel* ou les officines du *palais des dégustateurs* ?

Devrait-on regretter de s'être mis, sinon dans tous ses états, du moins dans ses principaux états de conscience, pour constater qu'à certains moments de péripétie les courants vertueux influent visiblement sur les courants nerveux de nos plus modestes plexus ? Les phénomènes du plus haut dynamisme attendent leurs Œrstedt et leurs Ampère. La vapeur du monde moral aura ses Mariotte, ses Salomon de Caus et ses Stephenson ; et Numa Pandorac donnerait tous ses plans de poème épique et de constitutions sociales pour le moindre grain de mil dans le domaine des idées-forces. Le terre-à-ciel suffit à son ambition.

Aux chaudes vapeurs de notre encens intérieur que de caillots ! que de glaçons se fondent dans notre cerveau ! que de brouillards se dissipent devant les excursions de nos monades d'avant-garde ! Aux lueurs de la résine ardente, il apparaît mieux que les saines pensées servent en effet de topique héroïque contre la *mauvaise humeur.* Oui, pour empêcher qu'on ne se fasse du *mauvais sang* ou de la *bile,* pour guérir l'*aigreur* du caractère, il est tout un codex de révulsifs, de substitutifs, de lénitifs, de contre-stimulants puisés dans la série des bons sentiments.

Non, ce n'est pas une vaine métaphore qui nous fait dire que la lecture est la nourriture de l'esprit, et ils n'ont pas l'air de se douter qu'il existe une alimentation aristocratique ceux qui osent dire que le lait est un aliment complet, comme s'il n'y avait pas des baisers qui réconfortent et des effusions qui réparent. La nostalgie est une faim qui n'est pas satisfaite. — Foi de Haschisché, le pain du déshonneur est indigeste et le vin n'est jamais généreux dans les consciences frelatées. Oui, la confiance est stomachique, la mansuétude analeptique, la résignation antiphlogistique. Il est des fermes-propos sthéniques, des postulats anthischimiques et des inspirations apéritives.

On sait qu'une passion de bon aloi est topique. Pas de cordial comme un élan poétique ! On s'assimile des mouvements harmoniques ; on se nourrit littéralement de sons ; on boit des rayons de lumière, et rien ne ravitaille comme un beau mirage.

De même, combien d'efforts pourrions-nous économiser, par la collaboration de ce qu'on appelle la matière, en ses représentants les plus efficaces !

Est-ce absolument insensé de mettre le nectar à la bouche de l'humanité en lui insinuant qu'elle saura diminuer la part du mérite au profit du bonheur à l'aide de trucs scientifiques, de recettes pharmaceutiques intervenant dans la direction de la conduite, plus heureusement que les redites et les sermons du moralisme vieux jeu.

Au lieu de forcer quand même son éréthisme, le centre supérieur qui commande, mais qui ne dégage pas assez d'influx pour rendre son commandement efficace, ferait bien mieux de recourir à des réservoirs d'influx externes propres à alimenter les foyers de l'intelligence et du sentiment, tandis qu'il bornerait son activité à manier le compteur des sensations et des idées.

Comme les choses seraient simplifiées si avec de simples simples l'homme pouvait devenir un modèle d'édification ; s'il n'était plus besoin d'ajourner aux calendes..... phalanstériennes la réalisation d'une pharmacie psycho-pathique qui mettrait à la rigueur la tendresse en sirop, la justice en tablettes, l'amour en opiat, la fidélité en cornets, la pudeur en conserve, la chasteté en cachets, la fermeté en pâte, l'enthousiasme en gelée, l'orgueil en poudre, la virilité en limonade, la bonté en capsules, l'illusion en cigarettes, la volupté en émulsion, le sourire en perles, la foi en dragées, la piété en infusion, le Saint-Esprit en apozèmes, les anges gardiens en confiture, le patriotisme en marmelade, et la Providence en compote !

Quant aux partisans de l'effort pour l'effort, du devoir à blanc ; quant aux apôtres du décarcassement (attrapez, monsieur Sarcey), avec leurs fastidieux *laboremus !* quant aux panégyristes du ahan sempiternel, aux chantres de la mutilation, aux champions de l'abstinence, aux apôtres de la maigreur, foin des âneries où se complaisent leurs ataviques cervelles ! Qu'on impose la gaudriole de force à ces gaillards-là !

Bons pour les purgatoires de notre diabolique comédie ! Ça leur apprendra à manquer de reconnaissance pour qui travaille à diminuer les tâches ingrates !

Parlez-moi des bons vivants de la philosophie, qui, en fait d'efforts, ne préconisent que les essors, qui ne désespèrent pas d'adoucir l'âpre montée vers le bien en pente à volutes douces. Tas de jansénistes attardés, n'en dégoûtez pas les autres, si vous n'en voulez pas, de nos cités entrevues, où tous les vendredis seront changés en dimanches, où l'on se fera littéralement un jeu du devoir, où le chemin de l'école signifiera le plus court chemin d'un point à un autre, où les raisins ne seront jamais trop verts, les mariées jamais trop belles, où la jeunesse saura et où la vieillesse pourra, où l'on romanisera la vie, où la volupté sera célestée, où, selon le vœu du *philosophe inconnu*, tous s'appliqueront à tout diviniser autour de soi, à se faire de rentes en âmes ! Oui, j'en donne ma parole de cannabien.

Un jour, l'humanité, qui est si riche en pauvres.....

Mais pardon pour cette digression et ces bafouillages couleur locale, qui ont pourtant un côté sérieux, celui d'accuser une tendance très prononcée au déterminisme à laquelle seraient, selon moi, déterminés les cannabiens raisonnables, tendance sur laquelle j'aurai occasion de revenir.

Tant de différence dans mon individu en si peu de temps, selon que j'aurai ou non avalé ma dose, c'est cela qui change bien des idées sur l'orgueil et sur le libre-arbitre; et il faut avouer que, si l'esprit est une belle chose, les ingrédients qui entrent dans notre cucurbite pour le former composent une singulière macédoine.

Numa Pandorac.

Pour copie conforme :
Jules Giraud.